Llandeilo, Llanymddyfri A Rhan Uchaf Dyffryn Tywi

Llandeilo, Llandovery and The Upper Tywi Valley

MEWN HEN LUNIAU

IN OLD PHOTOGRAPHS

David C. Harries gyda'i wraig ac un o'u pedwar mab. Roedd ei fusnes ffotograffyddiaeth wedi'i leoli yn Stryd Caerfyrddin cyn symud i Heol Rhosmaen. Pan ddaeth y busnes i ben, rhoddwyd nifer helaeth iawn o luniau i Lyfrgell Genedlaethol Cymru ac y mae llawer ohonynt yn ymddangos yn y gyfrol hon.

David C. Harries with his wife and one of their four sons. The family's photographic business was in Carmarthen Street before it moved to premises in Rhosmaen Street. When the business finally closed, large numbers of photographs were given to the National Library of Wales and many are used in this volume.

Llandeilo, Llanymddyfri A Rhan Uchaf Dyffryn Tywi

Llandeilo, Llandovery and The Upper Tywi Valley

MEWN HEN LUNIAU

IN OLD PHOTOGRAPHS

Casglwyd Gan ADRAN GWASANAETHAU DIWYLLIANNOL DYFED & LLYFRGELL GENEDLAETHOL CYMRU
Collected by DYFED CULTURAL SERVICES DEPARTMENT & THE NATIONAL LIBRARY OF WALES

ALAN SUTTON

Alan Sutton Publishing
Phoenix Mill · Far Thrupp · Stroud · Gloucestershire

Cyhoeddwyd ar y cyd â
Published in collaboration with

CYNGOR SIR
DYFED
COUNTY COUNCIL

Llyfrgell Genedlaethol Cymru
The National Library of Wales

Cyhoeddwyd gyntaf ym 1991
First published in 1991

Manylion catalogio y Llyfrgell Brydeinig
British Library Cataloguing in Publication Data

Llandeilo, Llandovery and the Upper Tywi Valley
in old photographs.
I. Dyfed Cultural Services Department
942.96

ISBN 0-86299-975-8

Cysodi a gwaith gwreiddiol gan
Typesetting and origination by
Alan Sutton Publishing Limited.
Argraffwyd ym Mhrydain Fawr gan
Printed in Great Britain by
The Bath Press, Avon.

CYNNWYS • CONTENTS

Y bont a Heol-y-Bont yn Llandeilo. c. 1871.
The bridge and Bridge St, Llandeilo. *c.* 1871.

RHAGYMADRODD

Y mae tarddle'r Tywi i'w ganfod ar ucheldir mynyddoedd Ceredigion, ac am rai milltiroedd yr afon yw'r ffin rhwng y rhan hon o Ddyfed a Phowys, cyn llifo i ehangder Llyn Brianne ac oddi yno i dir ffrwythlon yr hen Sir Gâr, a threfi cymen Llanymddyfri a Llandeilo.

Canolfan gweinyddol Dosbarth Dinefwr yw Llandeilo heddiw, fel yr roedd Castell Dinefwr ganrifoedd gynt yn ganolfan gweinyddol i Dywysogion y Deheubarth.

Mae'r dre ei hun heddiw yn gyrchfan i gymuned amaethyddol y rhan hon o'r dyffryn ffrwythlon a hardd. Cysegrwyd yr eglwys hynafol gan Teilo Sant, mynach o'r chweched ganrif, a bu ei ddisgyblion yn arbennig o weithgar yn Ne Cymru a Llydaw. Enwyd nifer o eglwysi a phentrefi ar ôl y Sant yn y ddwy ardal. Llandeilo Fawr (enw gwreiddiol y dre) yw'r mwyaf amlwg o'r rhain.

Cynlluniwyd y bont brydferth un-bwa dros y Tywi yn y dref (y bont un-bwa mwyaf yn Ne Cymru) gan Thomas Jenkins, peiriannydd, crefftwr a dyddiadurwr, ac fe'i hadeiladwyd ym 1848. Y mae Twm o'r Nant (Thomas Edwards) – yr anterliwtiwr, Anne Beale – yr awdures a'r nofelydd poblogaidd o Oes Fictoria, a Gwilym Teilo (William Davies) – awdur ac hanesydd lleol, yn enwau eraill sy'n gysylltiedig â'r dre.

Y mae adfeilion presennol Castell Dinefwr yn dyddio o'r ddeuddegfed ganrif, ac fe'i gysylltir yn bennaf â'r Arglwydd Rhys – noddwr cyntaf yr Eisteddfod, ac amddiffynnydd y Cymry rhag y Normaniaid. Yn ddiweddarach, ym 1485, Syr Rhys ap Thomas, Arglwydd Dinefwr, oedd prif gynghreiriwr Harri Tudur yn Bosworth. Y mae'r castell yn cael ei atgyweirio ar hyn o bryd gan Cadw, a bwriedir ei agor i'r cyhoedd yn fuan. Hyd at yn ddiweddar, roedd teulu'r Arglwydd Dinefwr yn byw yn mhlasty Dinefwr gerllaw.

Rhyw dair milltir i'r de-ddwyrain o Landeilo ger pentref Trap, saif castell brodorol Cymreig arall yn urddasol ar glogwyn o garreg calch – Carreg Cennen.

Mae Ffair-fach ar lan ddwyreiniol yr afon yn gwynebu Llandeilo, ac fel y dref honno, mae'r pentref yn ffocws i'r gymdeithas wledig o'i amgylch. Mae'r ysgol gyfun leol gymharol newydd yn sefyll ar safle hen blasty nodedig Tre-gib sydd bellach wedi ei ddymchwel.

I fyny'r afon, y mae Llangadog a fu'n dref bwysig yn ystod y canol-oesoedd. Mae safle'r eglwys yno yn dra hynafol, ond y mae'r adeilad presennol yn dyddio o 1889 yn unig.

Y mae plastai Abermarlais (hen stâd y mae tystiolaeth o'i bodolaeth mor bell yn ôl â 1229), Taliaris a Glanbran, ymhlith eraill, yn enghreifftiau gwiw o'u bath. A gerllaw, y mae Llanwrda, y pentref cyfagos, wedi ei enwi ar ôl yr eglwys a gysegrwyd i 'ŵr da'.

Datblygodd tre Llanymddyfri – ystyr yr enw yw 'yr eglwys rhwng y dyfroedd' – o amgylch man cyfarfod afonydd Bran, Gwydderig a'r Tywi. Y mae

Gorsaf reilffordd Llanwrda. c. 1900.
Llanwrda railway station. c. 1900.

Stryd Fawr, Llanymddyfri, yn nhroad y ganrif.
High Street, Llandovery, at the turn of the century.

gwreiddiau hanes y dre yn mynd yn ôl i'r Oes Rufeinig, ac y mae adfeilion castell Normanaidd yno hefyd. Ond fel cyrchfan porthmyn a'u hanifeiliaid yr adnabyddid Llanymddyfri gynt, ac ar safle presennol Banc Lloyds y sefydlwyd Banc yr Eidion Du gan y porthmyn ym 1799.

Y mae cofgolofn ym mynwent Eglwys Llanfair-ar-y-bryn, gerllaw, i'r 'Pêr-Ganiedydd', William Williams, Pantycelyn – emynydd mwyaf Cymru ac un o feirdd gorau'r genedl. Roedd y Ficer Rhys Pritchard yr un mor adnabyddus yn ei ddydd â Williams. Pritchard oedd awdur Cannwyll y Cymry *wrth gwrs, casgliad o benillion poblogaidd, cryno a chelfydd eu neges.*

I'r gogledd, i gyfeiriad Cil-y-cwm, y mae pont hyfryd Dolau-hirion â'i bwa prydferth. Fe'i hadeiladwyd ym 1773 gan William Edwards. Mae Cil-y-cwm ei hun yn enwog fel man cyfarfod y Methodistiaid cynnar. Cynefin prin y barcut yw'r wlad a'r mynyddoedd o amgylch Rhandir-mwyn (bu mwyngloddio plwm yno, sy'n esbonio'r enw) ac Ystrad-ffin, ac ar lan carregog yr afon yno y mae Ogof Twm Sion Cati – ymguddfan yr herwr hoffus, yn ôl llafar gwlad.

Nodwedd amlycaf yr ardal o amgylch tarddle'r Tywi yw Llyn Brianne – cronfa ddŵr eang a thrawiadol a agorwyd ym 1973 i gyflenwi dwr i ardaloedd Gorllewin Morgannwg a Dwyrain Dyfed.

Adlewyrchu agweddau ar hanes cymdeithas ac economi'r rhan yma o ddyffryn Tywi a wna'r lluniau yn y gyfrol hon, ac fel cynnwys y cyfrolau eraill yn y gyfres, maen nhw'n archif gweledol o'r pwys mwya, a dylid eu trysori.

INTRODUCTION

The source of the Tywi lies in the mountains of Ceredigion, and for a few miles it forms the border between that part of Dyfed and Powys, before flowing into Llyn Brianne and thence into the old Carmarthenshire – 'Sir Gâr' – and the market towns of Llandovery and Llandeilo.

Llandeilo today is the administrative centre of Dinefwr District. During former times, the ancient castle of Dinefwr nearby was the seat and the administrative centre of the Welsh princes of 'Deheubarth' – Southern Wales.

The town itself is now the hub of the agricultural community of the fertile and beautiful mid-Tywi valley. Its parish church is dedicated to St Teilo, a sixth-century Celtic saint, whose followers were particularly active in South Wales and Brittany, and who has given his name to several churches and villages in those areas. Llandeilo Fawr (its original name) is the largest of these.

The fine, single-arched bridge over the Tywi in the town (the largest one-span bridge in South Wales) was designed by a local engineer craftsman and diarist, Thomas Jenkins, and built of local stone in 1848. Twm o'r Nant (Thomas Edwards) – a popular dramatist, Anne Beale – a Victorian authoress and novelist, and Gwilym Teilo (William Davies) – writer and local historian, are other names associated with the town.

Ffermdy Dolau-hirion rhwng Llanymddyfri a Chil-y-cwm.
Dolau-hirion Farm between Llandovery and Cil-y-cwm.

The present remains of Dinefwr Castle date from the twelfth century, and it is principally associated with the great Welsh prince – Rhys ap Gruffydd. Later, in 1485, Sir Rhys ap Thomas of Dinefwr was Henry Tudor's principal ally at Bosworth. The castle is now being restored by Cadw before being opened to the public. Until recently, the Dynevor family lived in the adjacent Newton mansion.

Perched spectacularly on a limestone crag some three miles south-east of Llandeilo is another native Welsh castle, Carreg Cennen, near the village of Trap.

Ffair-fach lies on the east bank of the river, facing Llandeilo itself, and like the town, is the focus of the surrounding agricultural community. The site of the notable, but now demolished, Tre-gib mansion is now occupied by the local secondary school.

Upstream, the settlement at Llangadog was once an important medieval town. The site of the church here is very old, although the present edifice was rebuilt in 1889.

The country houses at Abermarlais (an ancient estate occupied since 1229, though not on the same site), Taliaris and Glanbran, amongst others, were and are fine examples of their kind. The church at neighbouring Llanwrda, on the junction of the roads to Lampeter and Llandovery, is dedicated to a 'good man' – 'gŵr da'.

Situated on the edge of the Brecon Beacons National Park, Llandovery (the name means 'the Church amidst the water') lies where the rivers Bran and Gwydderig meet the Tywi. The town has Roman origins and a brooding Norman castle. Llandovery was known especially as an assembly point for cattle and drovers, and the site of the present Lloyds Bank was once occupied by the Black Ox Bank established by the drovers in 1799.

The church at nearby Llanfair-ar-y-bryn has a monument to William Williams, Pantycelyn – the greatest of Welsh hymn-writers and a very important literary figure, as was Rhys Pritchard, whose *Cannwyll y Cymry* ('A Welshman's Candle') is a well-known and pithy collection of homilies in verse form.

To the north, towards Cil-y-cwm, is a beautiful one-arch bridge – Pont Dolau-hirion – built in 1773 by William Edwards. Cil-y-cwm itself is known primarily as an early centre of Welsh Methodism. The wild and rugged countryside around Rhandir-mwyn (a former lead-mining area) and Ystrad-ffin is one of the last British strongholds of the Red Kite, and on the rocky banks of the river near here is a cave reputed to have been the hide-out of the outlaw, Twm Sion Cati, a Welsh Robin Hood of the sixteenth century.

The upper reaches of the Tywi, near its source, are dominated by the recently created Llyn Brianne – a reservoir which has a large surface area. It was opened in 1973 to supply water to West Glamorgan and East Dyfed.

This collection of photographs reflects the social and economic history of this uniquely beautiful river valley and, like the contents of the other volumes in the series, represents a valuable visual archive which must be treasured and preserved.

Y RHAN GYNTAF • SECTION ONE

Llandeilo –
Strydoedd a Siopau
Llandeilo –
Streets and Shops

Heol Rhosmaen. c. 1920.
Rhosmaen Street. c. 1920.

Golwg gyffredinol ar Ffair-fach a Llandeilo. c. 1920.
A general view of Ffair-fach and Llandeilo. c. 1920.

Adeiladwyd y bont bresennol yn Llandeilo ym 1848 am y swm enfawr bryd hynny o £22,000.
The present bridge at Llandeilo was built in 1848 at a cost of £22,000.

Adeiladwyd Moreb, y tŷ mawr yn y llun, gan Yr Arglwydd Cawdor ar gyfer ei Brif Gynrychiolydd, R.B. Williams. Saif yn ymyl y bont yn agos at Barc Dinefwr. Dangosir yr hyn sy'n ymddangos yn rhan o bont cynharach yn y llun. Efallai mai olion yr hen bont a ddymchwelwyd ym 1750 yw'r rhain.

'Moreb'. The house was built by Lord Cawdor for his Chief Agent, R.B. Williams and stands adjacent to the bridge, by Dynevor Park. What appears to be an abutment from an earlier bridge is shown in the photograph. This could have been part of the four-arched bridge destroyed in 1750.

Dau olwg ar yr eglwys a gysegrwyd i Sant Teilo. Tynnwyd y lluniau hyn gan y ffotograffydd o Ddinbych-y-Pysgod, C.S. Allen. c. 1871.
Two views of the church dedicated to St Teilo. The photographs were taken by the Tenby photographer C.S. Allen. *c.* 1871.

Tafarn y 'Kings Head' ar ben Heol-y-Bont, c. 1900, sy'n gartre nawr i'r Ymddiriedolaeth Genedlaethol.

The Kings Head Inn at the top of Bridge Street, c. 1900, now the home of the National Trust.

Plannwyd y gastanwydden hon ym 1818 yn rhodd gan William Rees, masnachwr lleol.

The horse chestnut tree was planted in 1818 at the expense of William Rees, a local tradesman.

Ger y fynwent gwelir bythynnod to gwellt ar George Hill. c. 1871.
Across the churchyard thatched cottages can be seen on George Hill. c. 1871.

Lôn-y-Llan yn edrych i gyfeiriad Heol-y-Bont. c. 1900.
Church Street looking towards Bridge Street. c. 1900.

Banc Llandeilo, c. 1930. Agorwyd y banc ym 1842 yn gangen o 'Fanc yr Eidion Du' a oedd yn eiddo i David Jones a'i gwmni. Prynwyd y banc gan Lloyds ym 1909.
The Llandeilo Bank, c. 1930. The bank, opened in 1842, was a branch of David Jones and Company, Llandovery – 'The Black Ox Bank'. It was taken over by Lloyds in 1909.

Lôn-yr-Abad cyn 1910.
Abbey Terrace before 1910.

Dangosir y siop hon ar gornel George Hill â tho gwellt arni yn y llun ar d. 16.
This shop on the corner of George Hill can be seen thatched in the photograph on p. 16.

Heol-y-Brenin. c. 1880.
King Street. c. 1880.

Heol-y-Brenin. c. 1900.
King Street. c. 1900.

Bradford House ar gornel Stryd Caerfyrddin a Heol-y-Brenin. Mae'r hysbyseb yn y ffenestr yn cyhoeddi bod 'choice spring goods' ar gyrraedd. Swyddfa Nawdd Cymdeithasol yw'r adeilad heddiw.

Bradford House on the corner of Carmarthen Street and King Street. The notices in the window announce the arrival of 'choice spring goods'. The building is now a Social Security Office.

Heol Rhosmaen wedi'i addurno er mwyn dathlu priodas un o deulu Arglwÿdd Dynevor efallai.
Rhosmaen Street decorated to celebrate a wedding, possibly of a member of the Dynevor family.

Bradford House. Cymharer y llun hwn â'r llun ar y dudalen gyferbyn.
Bradford House. Compare this photograph with the one opposite.

Gwesty'r Cawdor.
Cawdor Arms Hotel.

Neithior yn Oes Fictoria yn Ystafell Fwyta Gwesty'r Cawdor.
A Victorian wedding breakfast in the Cawdor Arms Dining Room.

Saif Gwesty'r Cawdor ar safle hen Dafarn yr Arth. Cynhaliwyd gwleddau etholiadol a dramâu yma. Perfformiodd Mathews, Kean a Sarah Siddons ymhlith eraill yma. Rhwng 1763 a 1765 bu John Wesley yn ymweld â Sir Gaerfyrddin a sefydlwyd achos y Wesleaid yn Llandeilo yn Nhafarn yr Arth.

The Cawdor Arms stands on the site of the old Bear Inn. Here election banquets and plays were held. Mathews, Kean and Sarah Siddons all performed here. Between 1763 and 1765 John Wesley visited Carmarthenshire and at The Bear established the Wesleyan cause in Llandeilo.

Hen lun o gyfnod 1870 yn dangos Heol Rhosmaen. Mae'n dangos gwisgoedd y cyfnod yn dda. Y pryd hynny, roedd nifer o dai â tho gwellt arnynt, yn cynnwys Tafarn yr Angel, sydd heddiw'n Westy, a gwelir enw'r dafarnwraig ar yr arwydd – Sarah Hopkins.
An old photograph from about 1870 showing Rhosmaen Street. It nicely illustrates the costumes of the period. At that time there were still a number of thatched houses, including the Angel Inn, now the Angel Hotel, whose landlady was Sarah Hopkins.

Siop y teiliwr, J.R. Evans, ar gornel Heol Rhosmaen a Lôn-yr-Abad. Dymchwelwyd yr adeilad cyn codi'r Banc Lloyds presennol. Heol-y-Banc oedd safle'r hen fanc.

J.R. Evans, Clothier and Outfitter on the corner of Rhosmaen Street and Abbey Terrace. The building was demolished to make way for the new Lloyds Bank building when the bank was transferred from Bank Terrace.

Heol Rhosmaen yn dangos siop a stiwdio D.C. Harries, y ffotograffydd, ar y chwith. c. 1910

Rhosmaen Street showing the studio of D.C. Harries, the photographer, on the left-hand side. *c.* 1910.

Heol Rhosmaen. c. 1925.

Rhosmaen Street. *c.* 1925.

Llwyth lydan yn cael ei gludo ar hyd Heol Rhosmaen. c. 1960.
A wide load in Rhosmaen Street. c. 1960.

Cornel Heol Rhosmaen a Heol Newydd yn edrych i gyfeiriad Llanymddyfri. c. 1940.
The junction of Rhosmaen Street and New Road looking towards Llandovery. c. 1940.

Cymhwyso llwyth y cart mewn glaw trwm yn Heol Rhosmaen. Mae'r ci ar y palmant yn datgan ei farn ar y tywydd. c. 1916.

Loading a cart in heavy rain in Rhosmaen Street. The dog in the foreground is making his own contribution to the dampness. *c.* 1916.

Y cyfrwywr, Llew Bowen, y tu allan i'w siop yn Heol Rhosmaen. c. 1920.
Llew Bowen, the saddler, outside his shop in Rhosmaen Street. c. 1920.

Y 'Central Garage' ar gornel Heol Rhosmaen a Heol-y-Cilgant. Mae un car ar werth am £175.
Central Garage on the corner of Rhosmaen Street and Crescent Road. One car is advertised for sale at £175.

Cornel Heol Rhosmaen a Heol Newydd, c. 1928. Ni allai'r merched hynny sefyll yno heddiw.
The junction of Rhosmaen Street and New Road, *c.* 1928. The junction is busier today.

Yr un safle o ongl gwahanol. c. 1960.
The same junction from a different angle. *c.* 1960.

Heol Newydd, c. 1900. Lôn gul oedd yr heol yn ystod ail hanner y ganrif ddiwethaf.
New Road, c. 1900. The road developed from a small lane during the second half of the last century.

Cyffordd Stryd Caerfyrddin a Heol Newydd, c. 1900. Sefydlwyd y farchnad gan Joseph Gulston, Derwydd ym 1838.
The junction of Carmarthen Street and New Road, c. 1900. The Market was built by Joseph Gulston of Derwydd in 1838.

Ger 'Y Moreb'. c. 1900.
By 'The Moreb'. c. 1900.

Heol-y-Cilgant. c. 1920.
Crescent Road. c. 1920.

Ochr orllewinol Heol Rhosmaen, c. 1920. Mae Mr Thomas, y crydd, perchennog y siop ar y dde yn sefyll ym mynediad ei siop. Roedd y siop ei hun yn ymestyn i Lôn-yr-Abad ac ar ei anterth cyflogwyd rhyw 40 o ddynion a merched yno.

Rhosmaen Street, looking west, c. 1920. Mr Thomas is standing in the doorway of his boot and shoe factory. The premises extended into Abbey Terrace and at its height the firm employed about forty men and women.

Rheolwr a staff y 'Star Supply Stores' yn Heol Rhosmaen, c. 1930. Gwerthid menyn bryd hynny am 8c. y pwys, a chig moch am rhwng 6c. a 9c. y pwys.
The manager and staff of Star Supply Stores, Rhosmaen Street, c. 1930. Butter was selling at the equivalent of 8p per lb and cuts of bacon between 6p and 9p per lb.

Mr F.E. Thomas ac un o'i feibion yn nrws ei siop ar gornel Heol Siôr a Stryd Caerfyrddin. c. 1920.
Mr F.E. Thomas and one of his sons in the door of his shop at the corner of George Street and Carmarthen Street. *c.* 1920.

Roedd y cigydd David Hughes, ar y chwith, yn arwain côr lleol. Eiddo y 'Llandilo Fruit Co.' oedd y siop tua 1930.
The butcher David Hughes, on the left, conducted a local choir. The shop had once been occupied by the 'Llandilo Fruit Co.', *c.* 1930.

Mr J. Griffiths yn nrws ei siop yn Heol Rhosmaen.
Mr J. Griffiths at the door of his shop in Rhosmaen Street.

Lori gludo 'Isaac Thomas a'i Feibion' wedi'i lwytho â chasgenni o fenyn y tu allan i'r siop yn Stryd Caerfyrddin. c. 1916.
Isaac Thomas and Sons' delivery lorry laden with butter barrels outside their premises in Carmarthen Road. c. 1916.

Siop B.E. Davies, gwerthwr ffrwythau a physgod, yn Heol Rhosmaen, c. 1930. Mae llun o'r un siop mewn cyfnod cynharach ar y dudalen nesaf.
The shop of B.E. Davies, fruiterer and fishmonger in Rhosmaen Street, c. 1930. A photograph of the same shop at an earlier period is shown on the next page.

Siop Jane Price a oedd yn gwerthu pysgod a helgig yn Heol Rhosmaen ym 1901.
A Miss Jane Price had a shop selling fish and game in Rhosmaen Street in 1901.

Lori y 'Llandilo Fruit Company' y tu allan i'r siop yn Heol Rhosmaen, c. 1920.
The Llandilo Fruit Company's lorry outside their shop in Rhosmaen Street, c. 1920.

Fan gludo yr 'Home and Colonial' yn Heol Latimer.
The 'Home and Colonial' delivery van in Latimer Road.

Fan gludo yn Heol Siôr.
Delivery van, George Street.

Fan hufen iâ Mr Luigi Balbini yn Heol-y-Cilgant. Fan 'Ford' dau silindr oedd hon a addurnwyd yn hyfryd yn Llanelli. Yn y gaeaf roedd y fan yn gweithredu fel siop deithiol yn gwerthu pysgod a sglodion, ac un tro cafodd Mr Balbini ddihangfa ffodus pan aeth y fan ar dân.

Mr Luigi Balbini with his ice cream van in Crescent Road. The van is a two-cylinder Ford which was beautifully decorated in Llanelli. In the winter the van was converted to a mobile fish and chip shop and Mr Balbini had a fortunate escape when it once caught fire.

Garej yn Heol Newydd. c. 1925.
Garage, New Road. *c.* 1925.

Garej yn Heol-y-Bont. c. 1920.
Garage, Bridge Street. *c.* 1920.

Loriau ager William Jeffrys. c. 1920.
Steam-driven lorries of William Jeffrys. c. 1920.

Yr orsaf reilffordd. c. 1900.
The railway station. c. 1900.

Melin Lifo Llandeilo ger Heol-yr-Orsaf. c. 1900.
Llandeilo Saw Mills off Station Road. *c.* 1900.

YR AIL RAN • SECTION TWO

Llandeilo –
Pobl a Digwyddiadau
Llandeilo –
People and Events

Dynes yng nghyfnod troad y ganrif gyda'i char newydd.
An Edwardian lady with her new car.

Garej yn Heol Newydd. c. 1925.
New Road garage. c. 1925.

Dau ŵr ifanc yn eu cerbyd smart. Nid yw'r capel yn y cefndir yn Heol Latimer yn berthnasol iawn.
Two likely lads probably not arriving at the Methodist Church, Latimer Road.

Cornel Heol Latimer a Heol-y-Cilgant. c. 1915.
The junction of Latimer Road and Crescent Road. *c.* 1915.

Y tu allan i 'Greenwood Bros.,' Adeiladwyr Coetsys, Heol-y-Cilgant. c. 1920.
Outside Greenwood Brothers, Coachbuilders, Crescent Road. *c.* 1920.

'Greenwood Brothers', Adeiladwyr Coetsys – tudalen o'u catalog o lythrennau. Gweler isod un o'u cerbydau a adeiladwyd i R. Jones, Morfa Dairy, Caerfyrddin.

Greenwood Brothers, Coachbuilders – a page of sample monograms from their catalogue. One of their vehicles was built for R. Jones, Morfa Dairy, Carmarthen.

Beiciau-modur i ddau. c. 1925.
On motorbikes made for two. *c.* 1925.

Beic-modur a'i yrrwr yn Heol Latimer. c. 1930.
A motorcyclist in Latimer Road. *c.* 1930.

Tri 'acrobat' y tu allan i efail y gof y tu ôl i Deras y Rheilffordd ger Heol Rhosmaen. c. 1915.
The 'three stooges' performing at the smithy behind Railway Terrace, Rhosmaen Street. c. 1915.

Teulu 'Love Lodge' ym 1925. Cyfieithwyd enw'r lle i Lys Cariad wedi hynny.
The Love Lodge family, 1925. The name of the house was translated to 'Llys Cariad' later.

Rhes Gefn/Top row: Tommy, Pat, Gwen. *Rhes Flaen*/Bottom row: Jean, Myrtle, Frank & Ida.

Dihangfa wyrthiol gyrrwr a theithwyr y bws i Rydaman a benderfynodd fynd drwy'r bont yn Llandeilo yn lle mynd drosti.

Inches from death – the driver and passengers had a narrow escape when the bus to Ammanford went out of control and crashed through the parapet of Llandeilo Bridge.

Siarabang y tu allan i Garej Griffiths, Heol-y-Bont. c. 1920.
A char-a-banc outside Griffiths' Garage, Bridge Street. c. 1920.

Tyrfa yn yr orsaf yn disgwyl ymwelydd pwysig. c. 1905.
Crowds at the station awaiting the arrival of an important visitor. c. 1905.

Meirchfilwyr Sir Benfro ar eu ffordd drwy Llandeilo yn ystod y Rhyfel Byd Cyntaf.
The Pembrokeshire Yeomanry passing through Llandeilo during the First World War.

Mynwent yr eglwys dan orchudd o eira yn ystod y Rhyfel Byd Cyntaf. Y mae'r arwydd ar y chwith yn hysbysebu ffilm gan Charlie Chaplin.
The churchyard under snow during the First World War. A poster by the horse-trough advertises a Charlie Chaplin film.

Angladd yn ymlwybro ar hyd Heol Rhosmaen yn y glaw. c. 1910.
A funeral passing along Rhosmaen Street. *c.* 1910.

Stordy Danwydd Cyngor Dosbarth Llandeilo ar dân. c. 1965.
Llandeilo District Council's fuel store on fire. *c.* 1965.

George Barnes yw'r cymeriad hwn – prif gipar ar stâd Dinefwr. Roedd yn byw yn 'King's Lodge'. c. 1900.
George Barnes who was head game-keeper on the Dynevor estate and lived in King's Lodge. *c.* 1900.

'King's Lodge' ei hun ar stâd Dinefwr. c. 1905.
King's Lodge on the Dynevor estate. *c.* 1905.

Dalfa George Bowen, Llandeilo.
George Bowen of Llandeilo with his prize catch.

Pwyllgor Sefydlu'r Parc efallai. c. 1900.
Probably the Park Committee. c. 1900.

Seindorf Tre Llandeilo, c. 1911. Rhes flaen, y trydydd o'r chwith – Wil Harry, saer stâd Dinefwr. Roedd yn bysgotwr mawr ac ef ddyfeisiodd pry genwair i'r brithyll – y 'brown bomber'.

Llandeilo Town Band, c. 1911. Third left, front row – Wil Harry, a carpenter on the Dynevor estate. He was a great fisherman and he invented the 'brown bomber' trout fly.

Band Jas 'Dr Pimpo'. Ar y chwith mae Harry Griffiths, y postman ac y mae Johnny Griffiths yn y rhes flaen ar y dde. c. 1930.

'Dr Pimpo's' Jazz Band. On the left is Harry Griffiths, the postman and Johnny Thomas is on the bottom right. *c.* 1930.

Clochyddion yn Eglwys Llandeilo. c. 1950.

Bell-ringers in Llandeilo Church. *c.* 1950.

Tîm Rygbi Ysgol Ramadeg Llandeilo 1920/21.
Llandeilo Grammar School Rugby XV 1920/21.

Clwb Rygbi Llandeilo 1947/48.
Llandeilo RFC 1947/48.

Tim Pel-Droed Tref Llandeilo. Roedd y rhan fwyaf ohonynt yn chwaraewyr rygbi, ac heb chwarae llawer o bêl-droed. c. 1910.
Llandeilo Town Football Team. Most of the team were rugby players and new to soccer. c. 1910.

Ysgol Bwrdd Llandeilo, Dosbarth B, 1903.
Llandeilo Board School, Class B, 1903.

Baner Llandeilo a'r phwyllgor trefnu. c. 1925.
The Llandeilo Flag and the organizing committee. c. 1925.

Ail-agor Capel Newydd Llandeilo. c. 1960.
Re-opening Capel Newydd Llandeilo. c. 1960.

Tair chwaer, Gladys, Nest a Gwenllian. c. 1895.
Three sisters, Gladys, Nest and Gwenllian. c. 1895.

Yr un chwiorydd a'u brawd, Walter FitzUryan Rhys, 7fed Barwn Dynevor yn ddiweddarach.
The same three sisters and their brother, Walter FitzUryan Rhys, later 7th Baron Dynevor.

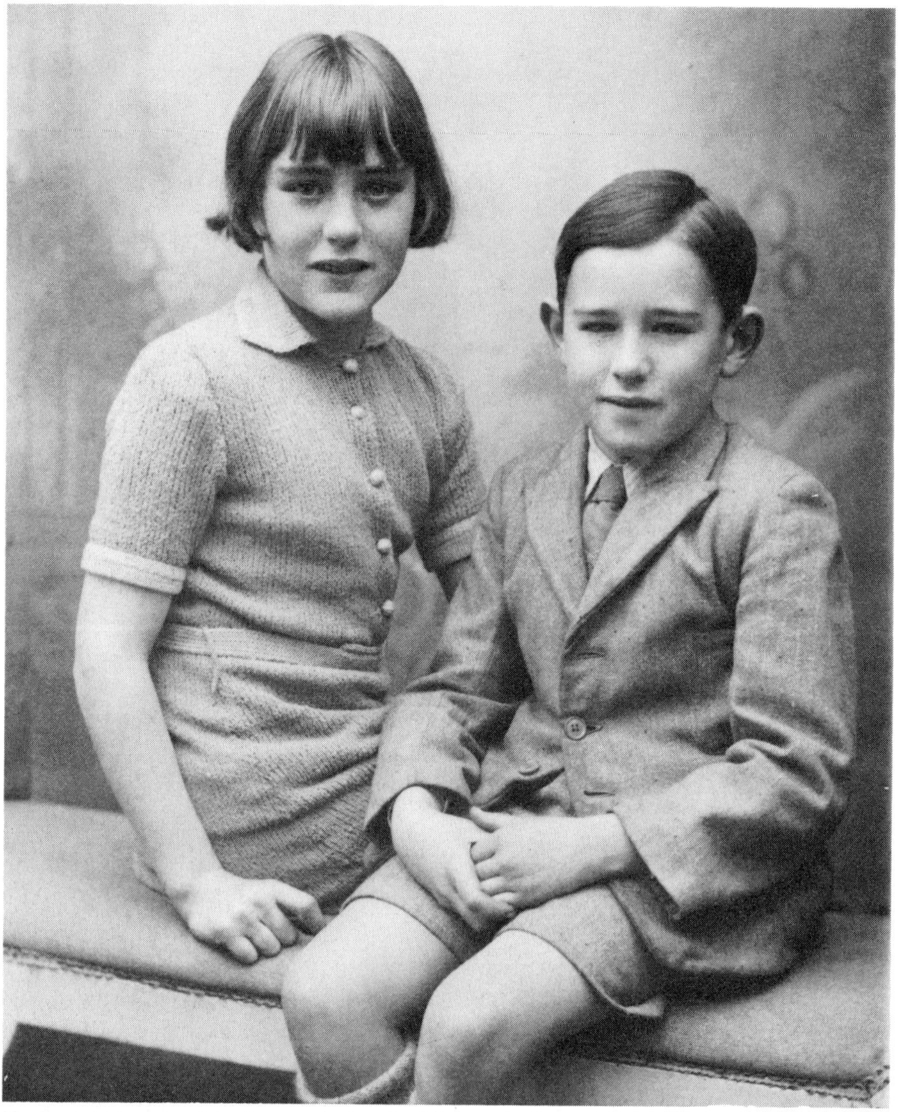

Ynghyd â llawer o blant yn ystod y rhyfel diwethaf, roedd Pamela a Peter Lockley yn 'noddedigion' ('evacuees') yn niogelwch yr ardaloedd gwledig. Cafodd y ddau gartref gyda Mr a Mrs Jack Bennett a'u merch Pearl, a oedd yn byw yn 3, Teras Sawel, sydd erbyn hyn yn 19, Heol Rhosmaen. Tynnwyd y llun hwn yn ystod mis Tachwedd 1940 yn stiwdio D.C. Harries.

Like many children during the last war, Pamela and Peter Lockley were evacuated to the safety of rural areas. Pamela and Peter stayed with Mr and Mrs Jack Bennett and their daughter Pearl, who lived at 3 Sawel Terrace, which has since been re-numbered as 19 Rhosmaen Street. The photograph was taken in November 1940 in the studio of D.C. Harries.

Y DRYDEDD RHAN • SECTION THREE

Llandeilo i Langadog
Llandeilo to Llangadog

Eglwys Llandyfeisant, c. 1871, sydd yn ganolfan heddiw i Ymddiriedolaeth Bywyd Gwyllt Dyfed.

Llandyfeisant Church, *c.* 1871, now a centre for the Dyfed Wildlife Trust.

Y dderwen enwog ym Mharc Dinefwr yr oedd ei boncyff yn ymdebygu i wyneb dyn. c. 1900.
The famous oak tree in Dynevor Park which resembled a human face. c. 1900.

Llety Dwyreiniol, Parc Dinefwr, efallai, cyn iddo gael ei drawsnewid.
Possibly the East Lodge, Dynevor Park before it was altered.

Ffair-fach, c. 1930. David Lewis, gyrrwr a gyflogid yn Nhre-gib, yw'r dyn a'r ci.
Ffair-fach, c. 1930. The man with the dog is David Lewis, the chauffeur at Tre-gib.

Caban Arwyddion Cyffordd Dyffryn Caerfyrddin ger Tre-gib. c. 1900.
Carmarthen Valley Junction Signal Box near Tre-gib. c. 1900.

Roedd plasty Tre-gib yn gartref i deuluoedd Jones a Jones-Gwynne am flynyddoedd. Fe'i adnewyddwyd yng nghyfnod diweddar oes Fictoria ac ym 1964 fe'i prynwyd gan yr Awdurdod Addysg ac fe adeiladwyd ysgol gyfun newydd yno. Dymchwelwyd y plasty yn y 1970au diweddar.

Tre-gib Mansion was, for many years, the home of the Jones and Jones-Gwynne family. It was extensively altered in the late Victorian period and in 1964 was acquired by the Education Authority, who built a school in the grounds. It was demolished in the late 1970s.

Tre-gib. c. 1871.
Tre-gib. c. 1871.

Y Gerddi Gwyrddion ger Llandeilo. c. 1871.
The Green Gardens near Llandeilo. *c.* 1871.

Castel Carreg Cennen. c. 1871.
Carreg Cennen Castle. *c.* 1871.

Mae Tafarn y Cennen yn Trap wedi bod yn fan poblogaidd i dorri syched ers blynyddoedd. c. 1910.

The Cennen Arms at Trap has long been a favourite refreshment stop for visitors to Carreg Cennen Castle. c. 1910.

Tafarn Newydd y 'Plough', Rhosmaen. c. 1910.
The New Plough Inn, Rhosmaen. *c.* 1910.

Capel y Dyffryn, Manordeilo. Roedd yr A40 ychydig yn dawelach bryd hynny. c. 1910.
Dyffryn Chapel, Manordeilo. The A40 in less hectic times. *c.* 1910.

Gwelir yma y peilotiaid, Henry Richman a Dick Merrill yn cyfarfod y trigolion lleol ar ôl glanio yn eu hawyren Lady Peace *wedi iddynt hedfan ar draws yr Iwerydd yn 1936.*
Pilots, Henry Richman and Dick Merrill, having landed near Llandeilo in 1936 after their transatlantic flight in *Lady Peace*, meet local people.

Parc Glanbrydan. c. 1871.
Glanbrydan Park. c. 1871.

Safle ymladd ceiliogod yn Nhaliaris. Llun a dynnwyd ym 1905.
The cock fighting pit at Taliaris photographed in 1905.

Perchennog Taliaris, Herbert Peel, a'i ffrind yn pysgota ar y llyn yno ym 1905.
Herbert Peel, owner of Taliaris, and a friend fishing on Taliaris Lake in 1905.

Grwpiau hela ar stâd Taliaris ym 1905.
Hunting parties on the Taliaris Estate in 1905.

Ym 1904 cwympodd nifer o elmwydd ar stâd Taliaris mewn storm fawr. Mae'r lluniau hyn yn dangos y coed yn cael eu cario a'u paratoi ar gyfer eu cludo i Felin Lifo Llandeilo.

In 1904 a storm blew down a large number of elm trees on the Taliaris Estate. The photographs show the trees being lifted and manouvered for transport to the Saw Mills at Llandeilo.

Tinceriaid yn ardal Llandeilo yng nghyfnod troad y ganrif.
Tinkers in the Llandeilo area around the turn of the century.

Y BEDWAREDD RHAN • SECTION FOUR

Llangadog, Llanwrda a'r cyffiniau

Llangadog, Llanwrda and Thereabouts

Aelodau teulu Stepney-Gulston ar Bont Llangadog. c. 1871.
Members of the Stepney-Gulston family by Llangadog Bridge. *c.* 1871.

Rhes Maes-yr-Onnen, Llangadog. c. 1890.
Ashfield Row, Llangadog. *c.* 1890.

Rhes Maes-yr-Onnen, c. 1910. Mae tynnwr y llun yn sefyll yng nghanol yr A40.
Ashfield Row, *c.* 1910. The photographer is standing in the middle of the A40.

Enw gwreiddiol 'Dirleton' oedd Llwyn-y-Berllan. Newidiodd y perchennog, Alan James Gulston, yr enw tua 1859. Tynnwyd y llun hwn tua 1871.
Dirleton, the home of Alan James Gulston, who changed its name from Llwyn-y-Berllan in about 1859. *c.* 1871.

Rhai o deulu Stepney-Gulston y tu allan i 'Dirleton' wedi'u gwisgo mewn gwisg draddodiadol tua 1871. Roedd perchnogion newydd yno erbyn 1881 a newidiwyd yr enw eilwaith i Barc Dan-yr-Allt.
The Stepney-Gulstons outside Dirleton dressed in traditional costume *c.* 1871. The house changed hands in 1881 and its name was changed to Dan-yr-Allt Park.

Aelodau o deuluoedd Lloyd a Stepney yn Llangadog yn yr 1860au diweddar. Miss Lloyd yw'r ddynes yn y canol, ac fe dynnwyd y llun yn Dirleton neu'n fwy tebyg yng Nglansefin.

Members of the Lloyd and Stepney families at Llangadog in the late 1860s. The lady in the centre is Miss Lloyd and the photograph was either taken at Dirleton or more probably Glansefin.

Teulu Stepney-Gulston ar y Tywi. c. 1871.
The Stepney-Gulston family on the Tywi. c. 1871.

Teulu Jenkins, Llangadog. c. 1890.
The Jenkins family, Llangadog. c. 1890.

Heol-yr-Eglwys, Llangadog. c. 1920.
Church Street, Llangadog. c. 1920.

Heol-yr-Eglwys, Llangadog, yn edrych i gyfeiriad yr eglwys gyda Thŷ'r Eglwys ar y dde. c. 1900.
Church Street, Llangadog, looking towards the church with Church House on the right. c. 1900.

Heol-yr-Eglwys, Llangadog. c. 1910.
Church Street, Llangadog. c. 1910.

Heol-yr-Eglwys, Llangadog. c. 1910.
Church Street, Llangadog. c. 1910.

Yn edrych i fyny Heol-yr-Eglwys i gyfeiriad y sgwâr. c. 1930.
Looking up Church Street towards the square. *c.* 1930.

Y sgwâr, Llangadog. c. 1912.
The square, Llangadog. *c.* 1912.

Y sgwâr yn Llangadog yn dangos siop a thŷ hyfryd Walter Lewis. Cyfeirir ato yng nghyfeiriadur 1901 fel 'dilledydd, groser, gwerthwr nwyddau haearn a masnachwr ŷd, blawd a hadau'.

The square showing the extremely fine house and shop of Walter Lewis. He is listed in the 1901 directory as a 'draper, grocer, ironmonger, corn, flour and seed merchant'.

Yn edrych i fyny Heol-yr-Eglwys heibio Swyddfa'r Post i'r sgwâr. Gellir gweld Gwesty'r Castell ar y dde. c. 1908.

Looking up Church Street past the Post Office to the square where the Castle Hotel can be seen on the right. *c.* 1908.

Yn edrych i lawr Stryd Fawr i'r sgwâr a Gwesty'r Castell. c. 1905.
Looking down High Street to the square and the Castle Hotel. c. 1905.

Ffair yn y sgwâr. c. 1905.
The fair in the square. c. 1905.

Y tu allan i'r 'Plough' ar derfyn dydd yn ystod Medi 1910.
Outside the Plough in the early evening, September 1910.

Lladd gwair ger Llangadog, Medi 1910.
Haymaking near Llangadog, September 1910.

Pont Carreg Sawdde ger Fferm Glan Sawdde, c. 1890. Cymerodd y bont garreg le'r hen bont bren ym 1900.

Pont Carreg Sawdde near Glan Sawdde Farm, *c.* 1890. The wooden bridge was replaced by a stone one in 1900.

Melin Carreg Sawdde efallai, cyn 1900.
Probably Carreg Sawdde Corn Mill, before 1900.

Ffurfiwyd Bwrdd Ysgol Llangadog ym 1875. Adeiladwyd Ysgol Fwrdd Llangadog flwyddyn yn ddiweddarach ym 1876. Mae'r llun yn dangos David Davies a fu'n un o Swyddogion Presenoldeb y Bwrdd – 'whipper-in'.

The Llangadog School Board was formed in 1875. Llangadog Board School was built a year later in 1876. The photograph shows David Davies who was one of the Board's Attendance Officers.

Capel Caersalem, Gwynfe, c. 1900. Mae'r llun wedi'i osod yn ofalus – y ddau fenyw yn gwau ac yn gwisgo gwisg draddodiadol.

Jerusalem Chapel, Gwynfe, c. 1900. The photograph looks very posed with both women knitting and also wearing traditional costume.

Roedd Abermarlais yng nghyfnod troad y ganrif yn ganolfan bwysig lladd moch. Efallai mai'r ddynes yn y canol a'r ffedog wen ddilychwin oedd yn arolygu'r holl broses.
Abermarlais at the turn of the century was one of the local centres for pig killing. The lady in the centre in the bright white apron presumably supervised the whole affair.

Y sgwâr yn Llanwrda, c. 1910. Mae hysbysebion y papurau newydd y tu allan i Swyddfa'r Post yn datgan fod y streic yn Senghennydd yn parhau.

The square at Llanwrda, c. 1910. The newspaper hoardings outside the Post Office announce that the strike at Senghennydd was extending.

Y sgwâr yn Llanwrda yn edrych i gyfeiriad Llandeilo. c. 1910.
The square at Llanwrda looking towards Llandeilo. *c.* 1910.

Yn edrych i gyfeiriad y sgwâr o heol Llanbedr-Pont-Steffan. c. 1910.
The Lampeter road looking towards the square. *c.* 1910.

Tafarn y 'Royal Oak', Llanwrda yn Nhachwedd 1905.
The Royal Oak, Llanwrda, November 1905.

Herbert Peel o Daliaris yn arlunio ger y 'Royal Oak' ym 1908.
Herbert Peel of Taliaris sketching by the Royal Oak in 1908.

Y BUMED RHAN • SECTION FIVE

Llanymddyfri – Strydoedd a Siopau

Llandovery – Streets and Shops

Y brif heol i mewn i Lanymddyfri o Landeilo yn dangos y tolldy ar y chwith a Llwyn-celyn ar y dde cyn troi'r gornel i'r bont.

The main road into Llandovery from Llandeilo showing the toll-house and Llwyn-celyn on the right just before the bridge.

Y bont gadwyn a adeiladwyd yn ystod y 1830au ac a ddymchwelwyd yn 1883 i wneud lle i'r bont garreg newydd.
The chain bridge built in the 1830s and demolished in 1883 to make way for the new stone bridge.

Yn edrych ar hyd y bont garreg newydd i gyfeiriad y tolldy. c. 1905.
Looking across the new stone bridge to the toll-house. c. 1905.

Blaen Nos, plasty milltir i'r gorllewin o Lanymddyfri, c. 1871. Roedd tŷ cynharach ar y safle hwn yn gartref i Walter Rice yn gynnar yn y ddennawfed ganrif.
Blaen Nos, a mansion one mile west of Llandovery, c. 1871. The house which occupied the site in the early eighteenth century was the home of Walter Rice.

Felindre, plasty i'r dwyrain o'r dref, ar y ffordd i Aberhonddu. Teulu o gyfreithwyr oedd yn byw yno yn y ganrif ddiwethaf – y Jonesiaid. c. 1871.
Felindre, a house on the east of the town, on the road to Brecon. The Jones family, who remained there longest, had a strong connection with the legal profession. c. 1871.

Caban Werthu Papurau Newydd yng ngorsaf Llanymddyfri cyn 1900. Adeiladwyd y rheilffordd rhwng Llanelli a Llanymddyfri yn yr 1850au. Ym 1901, Thomas Thomas oedd y gorsaf feistr ac yr oedd bws o Westy'r Castell yn arfer cludo teithwyr o'r Orsaf.
The Newspaper Kiosk, Llandovery station, before 1900. The railway from Llanelli to Llandovery was constructed in the 1850s. In 1901 Thomas Thomas was the station master and an omnibus from the Castle Hotel met the trains.

Gorsaf reilffordd Llanymddyfri cyn 1900.
Llandovery railway station before 1900.

Gorsaf reilffordd Llanymddyfri. c. 1955.
Llandovery railway station. c. 1955.

Lori G.T. Price, contractwr cludiant a masnachwr ŷd o Halfway, y tu allan i garej yr orsaf. c. 1950.

G.T. Price's lorry outside the station garage, c. 1950. He was a corn merchant and haulage contractor from Halfway.

Fred Pugh oedd perchennog garej y 'North Western' a enwyd ar ôl y rheilffordd cyfagos. c. 1920.

Fred Pugh was the proprietor of the North Western Garage which was named after the adjacent railway. c. 1920.

Gwesty'r 'North-Western' cyn 1900. Adeiladwyd y gwesty wedi 1870 pan estynnwyd y rheilffordd i'r gogledd o Lanymddyfri.
The North-Western Hotel before 1900. The hotel was built soon after 1870 when the railway was extended north of Llandovery.

Heol Newydd yng nghyfnod troad y ganrif. Gelwid yr heol yn 'Greenfield Lane' yn y Llyfrau Trethi rhwng 1836 a 1866.
New Road around the turn of the century. The road is called Greenfield Lane in the Rate Books between 1836 and 1866.

Banc-yr-Eglwys cyn 1900. Dyma lle y cynhelid gornestau ymladd ceiliogod yn y dre hyd at ganol y ganrif ddiwethaf.
Church Bank before 1900. This was the venue for cock-fighting in the town up to the middle of the last century.

Stryd Lydan cyn 1900. Y mae wal gardd Tŷ Llandingat, a adeiladwyd gan David Lloyd Harries yn ystod rhan gyntaf y ganrif ddiwethaf, i'w gweld ar y chwith.
Broad Street before 1900. The garden wall of Llandingat House, built by David Lloyd Harries in the early part of the last century, can be seen on the left.

Stryd Lydan c. 1910. Hen enw'r stryd yw Heol Isaf, ac roedd rhai o drigolion y dref yn dal ei ddefnyddio ar ddechrau'r ganrif hon.
Broad Street c. 1910. The old name for the street, Lower Street, was still used by residents at the turn of the century.

Y gastanwydden fawreddog yn Stryd Lydan yn ystod misoedd y gaeaf. c. 1920.
The great chestnut tree in Broad Street during the winter months. c. 1920.

Sgwâr y Farchnad yn dangos Banc y 'National Provincial' bryd hynny, Banc y 'National Westminster' heddiw, a adeiladwyd ym 1876. c. 1895.
Market Square showing the old National Provincial Bank, now the National Westminster Bank, built in 1876. *c.* 1895.

Cofeb y Rhyfel Byd Cyntaf, c. 1930. Ychwanegwyd rhagor o enwau ato ar derfyn y rhyfel diwethaf.

The First World War Memorial, *c.* 1930. Sadly more names were added at the end of the last war.

Sgwâr y Farchnad tua 1910, yn dangos y ffynnon-gofeb goch goeth a adeiladwyd ym 1900. Mae Neuadd y Dref yn dyddio o 1857.
Market Square c. 1910, showing the polished red memorial fountain built in 1900. The present Town Hall dates from 1857.

Garej D. Jones a'i Feibion a enwyd yn ddiweddarach yn Garej y Castell. c. 1910.
The garage of D. Jones and Sons later to become the Castle Garage. c. 1910.

Adeiladwyd Neuadd y Farchnad ym 1840 fel marchnad gig yn wreiddiol. Fe'i prynwyd gan Gorfforaeth Llanymddyfri ym 1884.
The Market Hall was originally built as a meat market in 1840. It was puchased by the Corporation of Llandovery in 1884.

Agorwyd Gwesty'r 'Temperance' yn Stryd y Farchnad gan George Morton tua 1901. Enw gwreiddiol yr adeilad oedd Tafarn y 'New Lamb'.
The Temperance Hotel, Market Street, was opened by George Morton in about 1901. Originally the building had been the New Lamb Inn.

Tafarn y 'Kings Head' yn Heol Gerrig. c. 1890.
The Kings Head and Stone Street. c. 1890.

Heol Gerrig, c. 1905. Sylwer ar bolyn siop y barbwr ar y dde.
Stone Street, c. 1905. Note the barber's pole on the right.

Siop bysgod a ffrwythau Webb ar gornel Stryd y Castell.
Webb's fish and fruit shop on the corner of Castle Street.

Castell Llanymddyfri cyn 1900. Adeiladwyd y castell tua 1113.
Llandovery Castle before 1900. The castle was built c. 1113.

'Prospect House', Stryd Fawr, trydydd lleoliad Banc yr Eidion Du yn Llanymddyfri. Dyma'r banc preifat Cymreig mwyaf enwog – banc y porthmyn a sefydlwyd gan David Jones ym 1756. Unwyd ef a Banc 'Lloyds' ym 1909.

Prospect House, High Street, the third location within the town of the Bank of the Black Ox, the most famous of Welsh private banks, founded by the drover, David Jones, in 1756. The bank merged with Lloyds Bank in 1909.

Bwthyn nodweddiadol gweithiwr yn Llanymddyfri, efallai yn Lôn-yr-Ardd.
A characteristic worker's cottage within the town, perhaps in Garden Lane.

Safle tebygol Neuadd Newydd, cartref ysblennydd y Ficer Pritchard, yn y Stryd Fawr. c. 1970.
Buildings on the site of Neuadd Newydd, Vicar Pritchard's Jacobean mansion, in High Street. *c.* 1970.

Cartref teuluoedd Evans a Jones a oedd yn berchen ar y tanerdy yn ystod y ganrif ddiwethaf, – 'Tanners' Hall' tua 1926. Dymchwelwyd y tŷ ar gyfer adeiladu'r bont newydd.

Tanners' Hall, c. 1926. The home of the Evans and Jones families who worked the tannery in the nineteenth century. The house was demolished to make way for the new bridge.

Pont-ar-Fran yn Stryd Fawr. Roedd presenoldeb y ffotograffydd wedi denu cynulleidfa mae'n amlwg. c. 1932.

The old Swan Bridge over Llandovery's 'other' river – the Bran. Word had obviously got around of the photographer's presence! c. 1932.

Neuadd Newydd c. 1880, cartref Ficer Pritchard (1579–1645). Mae ef wrth gwrs yn adnabyddus fel awdur Cannwyll y Cymry *– casgliad poblogaidd dros ben o benillion cartrefol a chelfydd. Adeiladwyd y tŷ tua 1620. Fe ddymchwelwyd blaen y tŷ ym 1904, a'r gweddill ym 1947.*

Neuadd Newydd c. 1880, Vicar Pritchard's (1579–1645) home. He was known as the author of *Cannwyll y Cymry* ('A Welshman's Candle') – a very popular collection of pithy, well-crafted verses. The house was built in 1620, the front wing demolished in 1904, and the rest of the house in 1947.

Ben Morgan y cigydd gyda rhai anifeiliaid a brynodd, yn cynnwys buwch y cafodd ei harddangos gan Edward VII ac a enillodd y wobr gyntaf yn Sioe Glwb Smithfield ym 1909.

Ben Morgan the butcher in his yard with animals he'd recently purchased, including a short-horn cow, exhibited by Edward VII, which won first prize in the Smithfield Club Show, 1909.

Ben Morgan gyda'i deulu y tu allan i'w siop, 'The Welsh Smithfield'. c. 1930.
Ben Morgan with his family outside his shop, The Welsh Smithfield. c. 1930.

'Waterloo House', Heol Gerrig, a oedd ar y pryd yn siop ddillad, 'Leslies Stores Ltd.' c. 1935.
Waterloo House, Stone Street, at the time occupied by Leslies Stores Ltd, draper. c. 1935.

Siop y pobydd a'r groser, 'Daff' Evans, Heol Gerrig.
The shop of Daff Evans, Bakers and Grocers, Stone Street.

Penygawse, c. 1905. Sefydlodd Morgan Griffiths ei 'Mantle and Millinery Rooms' ym 1880, ac roedd ei fusnes yn dal mewn bodolaeth ym 1909.
Penygawse, c. 1905. Morgan Griffiths established his 'Mantle and Millinery Rooms' in 1880, and was still in business in 1909.

Neuadd y Cwrier, c. 1910. Datblygodd John Jenkins ei siop grydd a chyfrwyo yn Stryd Fawr ar ddiwedd y ganrif ddiwethaf a dechrau'r ganrif hon. Roedd yn fusnes llewyrchus ac ar ei anterth cyflogwyd deg crefftwr.

Currier's Hall, c. 1910. John Jenkins developed his saddlery and shoemaking business in High Street at the end of the last and the beginning of the present century. It was highly successful and at its height employed ten craftsmen.

Rhif 11 Stryd Fawr, c. 1925. Yn ystod y ganrif ddiwethaf, bu crydd a theiliwr yno, ond yn ystod y ganrif hon, tri ffotograffydd yn olynol bu'n rhentu'r siop. Eiddo'r olaf o'r rhain, Elwyn Jenkins, yw llawer o'r lluniau a welir yn y bennod hon a'r nesaf.

No. 11 High Street, *c.* 1925. In the nineteenth century the property was let to a shoemaker and then a draper. In this century it was let successively to three photographers. The last of these, Elwyn Jenkins, was responsible for many of the photographs reproduced in this chapter and the next.

Y CHWECHED RHAN • SECTION SIX

Llanymddyfri – Pobl a Digwyddiadau

Llandovery – People and Events

Rhostio eidion. c. 1950.
An ox roast. *c.* 1950.

Sgwâr y farchnad yn yr eira ym 1947.
Market Square in the snow in 1947.

Heol-y-Brenin, yn edrych i gyfeiriad Gwesty'r Castell.
Kings Road looking towards the Castle Hotel.

Yn edrych i fyny'r Stryd Fawr ar ôl cawod drom o eira ym 1947.
Looking up High Street after a heavy fall of snow in 1947.

Neuadd y Farchnad a'r Sgwâr yn yr eira.
The Market Hall and Square in the snow.

Adeiladu tai newydd yn Heol Llanfair. c. 1920.
New houses being built on Llanfair Road. *c.* 1920.

Y Fonesig Margaret Pryse-Rice yn agor Ysbyty'r Dref ym 1926.
Dame Margaret Pryse-Rice opening the Cottage Hospital in 1926.

Aelodau a Swyddogion Bwrdd Gwarchod Llanymddyfri. Diddymwyd y Bwrdd yn fuan ar ôl cyfnod tynnu'r llun hwn.
The Members and Officials of the Llandovery Board of Guardians. The Board was disbanded soon after this.

Rhes Flaen/Front Row: D. Davies, Rhydlid; D. Jones, Pontaur; D.T.M. Jones, Nantrhogfaen; J. Price, Glantowy; Morgans, Beehive; Thomas, Queen Street; ? Acheth.
Ail Res/Second Row: Bryn Morgan; Rev. -?-; H.V.Watkins; Ivor Campbell Davys; Jones Alltycloriau; Alfred Jones, Rhandirmwyn; D. Lewis, Glancrychan; -?-; William Thomas, Glanfano, Farmers; T. Thomas, Troedrhiwbwlchau.
Rhes gefn/Back Row: E. Williams, Brynawel (?); -?-; -?-; -?-; -?-; T. Jones, Maestwynog; Jones, Glansawdde; -?-, Cwmsawdde; Arnold Davies, (Solicitor), Lampeter.

Erbyn cyfnod troad y ganrif, roedd teulu Watkins yn rheoli Bragdy Llanymddyfri a leolwyd yn Heol Gerrig. Mae'r llun yn dangos Harry V. Watkins a oedd yn ei ddydd yn Gynghorydd Sir, yn Faer Llanymddyfri ac yn chwarae rygbi dros Gymru (heb golli i Orllewin na Dwyrain Samoa).

By the turn of the century the Watkins family were in control of the Llandovery Brewery based in Stone Street. The photograph shows Harry V. Watkins who during his life-time was a County Councillor, Mayor of Llandovery and played rugby for Wales (and did not lose to Western Samoa).

Y tu fewn i Neuadd y Cwrier, ffatri grydd Jenkins a'i Feibion.
The interior of Currier's Hall, the boot and shoe factory of Jenkins and Sons.

Grwp mewn gwisg ffansi. Mae'r balwnau yn hysbysebu 'Bradleys Boys' Clothier'.
Group in fancy dress. The balloons say 'Bradleys Boys' Clothier'.

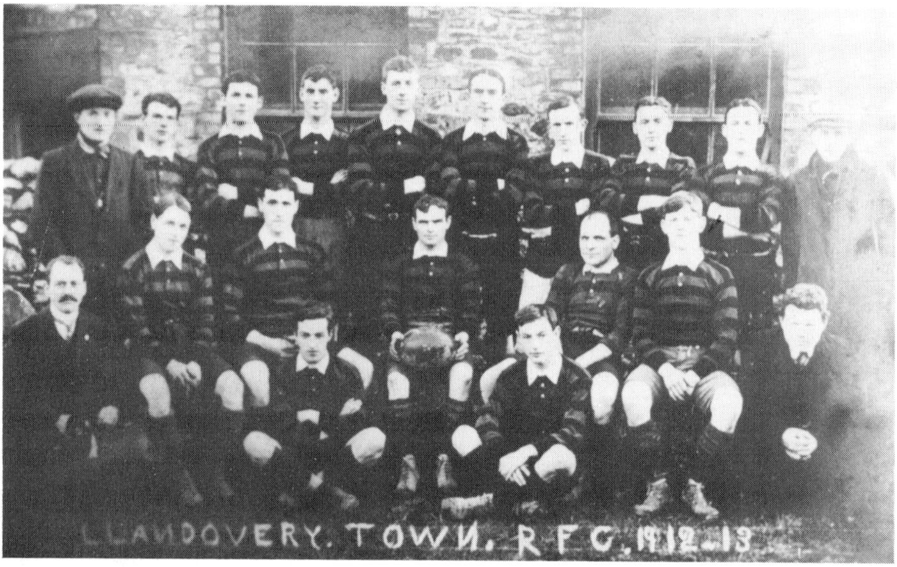

Clwb Rygbi Tre Llanymddyfri, 1912–13.
Llandovery Town RFC, 1912–13.

Trowsusau llac yn llacs cae rygbi Coleg Llanymddyfri yn nhymor 1930–31.
Long shorts on the Llandovery College playing field in the 1930–31 season.

Tîm Rygbi Coleg Llanymddyfri. c. 1910.
Llandovery College Rugby Team. c. 1910.

Tîm Rygbi Coleg Llanymddyfri, c. 1930. Chwaraeodd y capten, A.M. Rees gyda'r bel, a Cliff Jones, yn eistedd i'r chwith iddo, dros Gymru.
Llandovery College Rugby Team, c. 1930. Both the captain, A. M. Rees with the ball, and Cliff Jones on his left played for Wales.

Adeiladwyd yr Ysgol Brydeinig (Cymysg a Phlant Bach) ym 1848 yn Heol Gerrig. c. 1895.

The British School (Mixed and Infants) was built in 1848 in Stone Street. *c.* 1895.

Yr un ysgol c. 1895.

The same school *c.* 1895.

Roedd 252 o blant yn yr ysgol; dyma Safon 6 a 7.
The school catered for 252 children; these are Standards 6 and 7.

Y Prifathro, Mr David Thomas, yr athrawes yn gyfrifol am y plant bach, Miss Catherine Morgan, gydag athrawon a disgybl-athrawon o'u hamgylch.
The Headmaster, Mr David Thomas, and the infants' mistress, Miss Catherine Morgan, surrounded by teachers and pupil-teachers.

Y Parch. T.E. Thomas, Llanymddyfri. c. 1900.
The Rev. T.E. Thomas, Llandovery. c. 1900.

Cor Capel Tabernacl Llanymddyfri. c. 1900.
Llandovery Tabernacle Chapel Choir. c. 1900.

Yng nghefn eu siop yn y Stryd Fawr, roedd gan Elwyn Jenkins a'i ragflaenwyr stiwdio lle yr arferent dynnu lluniau teuluoedd a grwpiau eraill.
At the rear of their shop in High Street, Elwyn Jenkins and his predecessors had a studio where family groups posed for photographs.

Harry Watkins a'i ffrindiau o flaen y camera yn stiwdio'r ffotograffydd.
Harry Watkins and friends pose in the photographer's studio.

Y gwarchodwyr, c. 1900. Efallai eu bod nhw'n eistedd ym mynedfa Rhif 1 Heol Gerrig.
The baby-sitters, *c.* 1900. They are possibly sitting in the entrance of No. 1 Stone Street.

Y SEITHFED RHAN • SECTION SEVEN

Cil-y-Cwm, Rhandir-mwyn, Ystrad-ffin.

Pont Dolau-Hirion ym 1871.
Dolau-Hirion Bridge in 1871.

Saethu brain yn Henllys, Cil-y-Cwm, a adnabyddid yn Henllys Fawr. Roedd yn gartref am flynyddoedd i deulu'r Lewisiaid. Tynnwyd y llun gan H.F. Dann, un o ragflaenwyr Elwyn Jenkins yn Stryd Fawr.

A rook shoot at Henllys, Cil-y-Cwm, sometimes known as Henllys Fawr. For many years it was the home of the Lewis family. The photograph was taken by H.F. Dann, one of Elwyn Jenkins' predecessors in High Street.

Priodas yn Nhalog. c. 1880.
Wedding Party, Talog Farm. c. 1880.

Y cynhaeaf ym Mrynawel, cartref Evan Williams. c. 1905.
Bringing the harvest home at Brynawel, the home of Evan Williams. c. 1905.

Neuadd Fawr, Llanymddyfri, ym 1871.
Neuadd Fawr, Llandovery, in 1871.

Ceir y tu allan i Neuadd Fawr, cartref teulu Campbell-Davys yn ystod y rhan fwyaf o'r ganrif ddiwethaf a'r ganrif hon.
Motor cars outside Neuadd Fawr, the home of the Campbell-Davys through most of the nineteenth and part of this century.

Mr Ken Williams, Cil-y-Cwm (chwith), yn dal 'y cadno gorau' yn y Gemau Blynyddol ym mis Medi 1934.
Mr Ken Williams, Cil-y-Cwm (left), holding 'the best fox' at the Annual Farmers' Sports in September 1934.

Y cwn hela a'r Helfa yng Nghil-y-Cwm. c. 1925.
Fox hounds and the Hunt at Cil-y-Cwm. c. 1925.

Cil-y-Cwm, c. 1910. Sylwer ar y bwthyn to-gwellt ar y chwith.
Cil-y-Cwm, c. 1910. Note the thatched roofed cottage on the left.

Pentre Cil-y-Cwm. c. 1930.
Cil-y-Cwm village. c. 1930.

O'r chwith: Miss Hughes, Miss May Roderick, Miss Sally Davies, Miss Ann Williams, Mrs Roderick, y tu allan i Swyddfa'r Post yng Nghil-y-Cwm. c. 1905.

From the left: Miss Hughes, Miss May Roderick, Miss Sally Davies, Miss Ann Williams, Mrs Roderick, outside Cil-y-Cwm Post Office. *c.* 1905.

Pâr lleol o flaen y camera. c. 1875.

A local couple braving the camera. *c.* 1875.

Tîm Pêl-Droed Cil-y-Cwm. c. 1890. Y capten gyda'r bêl yw Evan Williams.
Cil-y-Cwm Football Team. c. 1890. The captain with the ball is Evan Williams.

Ysgol Cil-y-Cwm. c. 1920.
Cil-y-Cwm School. c. 1920.

Ysgol Cil-y-Cwm. c. 1935.
Cil-y-Cwm School. c. 1935.

Cwympwyr coed yng Nghoed Tywi neu Tŷ'n-ddol. c. 1925.
Timber fellers on Coed Tywi or Ty'n-ddol. *c.* 1925.

Gwarchodlu Cartref yr ardal yn ystod y rhyfel diwethaf.
The Home Guard of the area during the last war.

Menywod a phlant ar ddiwrnod cneifio yn Nhroed-y-Rhiw. c. 1915.
Women and children at a shearing at Troed-y-Rhiw. *c.* 1915.

Swyddfa'r Post, Rhandir-mwyn. c. 1910.
The Post Office, Rhandir-mwyn. *c.* 1910.

By mwyngloddio plwm yn yr ardal hon ers cyfnod y Rhufeiniaid, hyd at y ganrif hon a'r cyfnod modern cynnar. Tynnwyd y lluniau hyn yn Nantirmwyn. c. 1940.
Lead has been mined in the area since Roman times, and continued well into this century. These photographs were taken at Nantirmwyn. *c.* 1940.

Carreg-bedd gorffenedig John Phillips yn barod i adael iard y saer maen. Bu farw mewn damwain ym mwynglawdd Nantirmwyn ym 1881.
The finished grave-stone of John Phillips, who was killed at Nantirmwyn mine in 1881, ready to leave the mason's yard.

Lladd gwair yn Ystrad-ffin. c. 1940.
Haymaking at Ystrad-ffin. c. 1940.

'Anti Let' y tu allan i fythynnod Stryd Winkin yn Nant-y-Bai.
'Aunty Let' outside cottages in Winkin Street, Nant-y-Bai.

Trigolion lleol y tu allan i fwthyn nodweddiadol o'r ardal. c. 1880.
Local people outside a typical cottage of the area. c. 1880.

Y teulu Theophilus o Dan-y-Foel ym 1913.
The Theophilus family of Tan-y-Foel in 1913.

Ger ogof Twm Sion Cati. c. 1871.
Near Twm Sion Cati's cave. *c.* 1871.

Mae'r ogof yn dal i fod yn gyrchfan poblogaidd i dwristiaid.
The cave still remains a popular tourist attraction.

Adfeilion fferm cyn ei boddi yn ystod adeiladu Cronfa a Llyn Brianne ym 1972.
A farm about to be drowned during the construction of Llyn Brianne in 1972.

Golchi defaid yn Ystrad-ffin.
Washing sheep at Ystrad-ffin.

Gwelir yma Mr William Williams ym 1947–8 yn dal oriawr aur a chwpan a enillodd yn Nhreialon Cwn Defaid Rhandir-mwyn. Wrth ei draed y mae 'Fly', yr ast frown a enillodd Ddosbarth y Pencampwr.

Mr William Williams in 1947–8 holding a gold watch and cup won at the Rhandir-mwyn Sheepdog Trials. At his feet is 'Fly', his brown bitch, who won the Champion Class.

Y bont gadwyn yng Ngallt-y-Bere. Dymchwelwyd y bont hon mewn llif ym 1926. Cymerwyd ei lle gan y bont goncrit ym 1928.
The chain bridge at Gallt-y-Bere. This was washed away in 1926 and replaced by the concrete bridge in 1928.

Ffermdy Bwlch-y-ffin. c. 1905.
Bwlch-y-ffin farm. c. 1905.

Mrs Catherine Jones a'i dwy ferch yn croesawu Dai Hughes, y postman, yn Ystrad-ffin ym Mai 1933. Cludwyd y post ar Ddydd Llun, Dydd Mercher a Dydd Sadwrn yn unig, ond fe'i cludwyd hefyd ar Ddydd Nadolig.

Mrs Catherine Jones and her two daughters greeting Dai Hughes, the postman, at Ystrad-ffin in May 1933. The post was only delivered on Mondays, Wednesdays and Saturdays, but it was also delivered on Chistmas Day.

Mrs Catherine Jones, Ystrad-ffin, yn cario bwndeli o ganhwyllau gwêr o waith cartref. Gwnaethpwyd y canhwyllau trwy drochi'r pabwyr drosodd a thro mewn brasder anifail. Roeddent yn rhoi golau gwael fodd bynnag, ac yn drewi'n ofnadwy.

Mrs Catherine Jones, Ystrad-ffin, carrying bundles of home-made tallow candles. The candles were made by repeatedly dipping wicks into rendered down animal fat. They gave very poor light and apparently stank to high heaven.

Adnabyddid Mary Evans o Gil-y-Cwm fel cymeriad drwy'r ardal.
Mary Evans of Cil-y-Cwm was well-known throughout the area.

Cymeriad arall a oedd yn adnabyddus i bawb yn lleol oedd 'Palu Caban', sy'n gwisgo het Gymreig yma.
'Palu Caban', wearing her Welsh hat, was an extremely well-known local character.

DIOLCHIADAU • ACKNOWLEDGEMENTS

Casglwyd y lluniau ar gyfer y gyfrol hon gan staff Adran Gwasanaethau Diwylliannol Cyngor Sir Dyfed. Mae'r Adran yn cynnwys gwasanaethau Archifau, Llyfrgelloedd ac Amgueddfeydd, a bu'r rhai a enwir isod yn gweithio'n uniongyrchol ar y gyfrol hon:

John Davies • Chris Delaney • Helen Palmer • Dewi Thomas

Gwnaethpwyd defnydd helaeth o'r casgliadau o luniau a gedwir yn Llyfrgell Genedlaethol Cymru, yn enwedig Casgliad D.C. Harries, Casgliad J. Thomas a Chasgliad Elwyn Jenkins. Cafwyd cymorth arbennig gan Geidwad a staff yr Adran Luniau a Mapiau, yn enwedig Iwan Jones o'r Adran honno. Rhaid cydnabod hefyd y cymorth a gafwyd gan Colin Venus a'i gyd-weithwyr yn yr Adran Ffotograffyddiaeth.

This book was compiled by members of the staff of the Cultural Services Department of Dyfed County Council. The department comprises Archives, Libraries and Museums, and the following staff were directly involved:

John Davies • Chris Delaney • Helen Palmer • Dewi Thomas

The book draws on the extensive photographic collections of the National Library of Wales, in particular the D.C. Harries Collection, the J. Thomas Collection and the Elwyn Jenkins Collection. The assistance of the Keeper and staff of the Department of Pictures and Maps, especially Iwan Jones, were invaluable in this respect. The help of Colin Venus and his colleagues in the Photographic Department must also be acknowledged.

Mae'n diolch yn ddyledus hefyd nid yn unig i'r caredigion hynny sydd dros y blynyddoedd wedi rhoi lluniau i gasgliadau'r Adran, ond hefyd i'r cymorth a gafwyd oddi wrth yr unigolion a'r mudiadau hynny a roddodd eu caniatad inni atgynhyrchu'r lluniau sy'n eiddo iddynt, sef:

In addition to thanking the numerous donors who, over the years, have provided photographs for the department's collections, the assistance of those individuals and organisations who gave permission for the reproduction of photographs in their possession must also be acknowledged. These were:

Mrs Pamela Davis • Mrs Gwenfudd James • Mr Tom Lloyd • Mr and Mrs Ivor Williams • Mr and Mrs J. Ken Williams • Llyfrgell Genedlaethol Cymru/The National Library of Wales